Jonás Sánchez Pedrero

Torrelodones

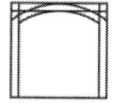

Editorial Dilema
Madrid, 2025

Colección de poesía dirigida por Antonio Ortega

© Jonás Sánchez Pedrero, 2025
© Editorial Dilema, 2025
Ibáñez Marín, 11 - 28019 Madrid
Teléfonos: 91 472 90 71 - 670 367 479
info@editorialdilema.com
www.editorialdilema.com

ISBN: 978-84-9827-718-0
Depósito legal: M-20572-2025

Diseño de Colección: María Pérez-Aguilera
Diseño de Portada: Esther Hernández

Foto de la solapa: Mónica Marín Campo

Maquetación: Esteban Gancedo

Torrelodones

A Mónica,
María y Juan Carlos.
Éxtasis en Viernes Santo.

Exige en metáforas lo que la emoción permita.

Preguntar responde un poco.

Legal por obligación.

En Triana se habla argentino.

A la vanidad por el medro.

La rueda hizo de barrote.

Solo era corrupción tradicional.

Despertó para hacerse el muerto.

Se le está poniendo cara de cotidiano.

Púrgame el monstruo.

Ahorraba por no hacer.

También la cortina era muro.

Ofertas de turismo radical.

Sin fracaso no hay auditorio.

El abismo depende de la estatura.

Descuéntame la humanidad.

Hay que progresar a la antigua.

Destilaba locura para asumir el genio.

Venganza de primera instancia.

La propiedad ya no sabe.

Volveré cuando acabe el eco.

Te estás liando.

Solo duele mientras.

No hay mejor cansancio que el acierto.

Tendría que educarme el callo.

Cambió para variar.

Manejaban datos con agujero.

Lo peor del dolor es su egoísmo.

Quería por no llorar.

Cambiaba de nada por hacer algo.

Se arrodilló para preguntarle si quería ser mi viuda.

Al tiempo se llega tarde.

Héroe por obligación.

Dentro no hay interior.

Razonaba tarde para no claudicar.

El aislamiento no quita soledad.

Especialistas García.

Tristeza de segunda de mano.

Ejerce un silencio panfletario.

Zahurda suite.

Aplaudía a codazos.

En el Parking asesinan globos.

Afila esas cenizas.

Ríe para completar la resignación.

No escondas el no.

Asesinato de interés cultural.

Ojalá vuelva el protocolo.

Se ahorcó por desahogo.

El académico escribe en lenguaje.

Vivía por vanidad.

Era humano a su manera.

Dormía para morir mejor.

El porvenir era un por ahora.

Insultaba tolerancia.

Aprendió a destapar palabras.

También la pausa hubo que hacerla.

El dinero no se queja.

Mejor vuelvo desde allí.

Satisfacía planicies.

Hasta que confundan las venganzas.

Vete a mi mierda.

Suplicaba pestillos.

Ya puedes servirme el favor.

El lenguaje es sordo.

Hay mucho bohemio de los demás.

Diremos que sí.

Sin emoción no hay tiempo.

Se inhibía para valorarse.

Callaba por respeto al cansancio.

Reglas con intrucciones.

Industria lo serás tú.

Dignidad de Puerto Urraco.

Curso sindical en Bifaz de Conciencia.

El amor está por ahí.

Intuición de pedernal.

Conductas como cabezas en peluquería.

Quién fuera burocracia.

Y la resignación también.

Tortilla revolucionaria.

Cualquier domingo parece marzo.

La delicadeza nace en la nuca.

Tu paciencia agrede.

Que al menos la mentira conserve su pureza.

Asociación de Víctimas del Terrorismo Electoral.

Manotazos para todo.

Eres mi mejor mueca.

Callaba por no silenciar.

Reconocerás al tonto por su diligencia.

Qué hacemos con la realidad.

No todos los hijos de puta somos iguales.

Voy a repetir cambio.

Encontró consuelo al importarle el fracaso.

Su pene practica abortos sentimentales.

Quiero aprender hacia a ti.

Vivimos en la dictadura de la forma.

Mitificaba para comprender.

El misterio aproxima.

Perdió los dientes como puntas de lápiz.

Nada para todo.

Esto, pregunta mejor.

Más rápido.

Vive en un encierro exterior.

Llamaron amistad a lo complaciente.

La poesía no va a la Universidad.

Ojos de carmín con lágrimas de saliva.

Embudo suena a rodilla.

Quién bautiza el delirio.

La muerte tiene familia.

Guardó el miedo por si acaso.

Y empatizaron en la arcada.

Hasta pepitoria siempre.

La manta aportó la fe.

Casualidad para todos.

Salario Mísero Interprofesional.

La belleza va despacio.

Odio al parche.

La vigilancia se hace sola.

Android rentabilizó la desidia.

Leía por cotilleo.

Nadie respeta la presunción de belleza.

Prohibido por voluntario.

Vivía el presente para olvidar el futuro.

Por la ambigüedad al oportunismo.

Dignifiquemos la hipocresía.

Vuelva usted ayer.

Culpable por acusación.

La droga acabó en tecnología.

Papá dice que no me tenga.

La resignación como esperanza.

Y el verbo se hizo carné.

Respeto para la libertad de censura.

Me duele el codo de tanto querer.

Gracias significa lo siento.

Cuando odiaba tenía miedo.

La verdad existe un poco.

El yunque viene de familia.

Ningún capataz doblegó su vocación de esclavo.

Tu egoísmo es mío.

En el malestar encontró comodidad.

Agradecía como reclamo.

Vive a rosca.

Robinson, que dice que es libre.

Desahució la mirada.

Código de burras.

Tenía relaciones paliativas.

Dialéctica para convencidos.

Volar siembra alas.

La propiedad necesita afecto.

Comparando sentía.

La noche despierta a la metáfora.

Consumismo escribe comunismo.

La fonética mejora la semántica.

Que te cambien de cansancio.

El olvido sí se acuerda.

Y convirtieron el tiempo en ratos.

Échate para allá, coño.

Todo no hace parte.

A buen refrán no hay cazurrada.

La recta esconde su curva.

Confundía emoción con entusiasmo.

Robaba para disimular.

El humo tiñe los árboles de domingo.

Apaga al niño.

Socio de Explotación No Gubernamental.

Sin control solo hay vida.

También la abstención participa.

La ciencia descubrió el monedero.

Semitotal.

Ese libro disimula.

La gilipollez no tiene la culpa.

El vuelo no se ve.

Querer tener razón empeora no tenerla.

La química burla al lenguaje.

Para cualquiera menos para todos.

Cuídate ese suicidio.

Premio al mejor kilometraje.

La pompa guarda su afuera.

Los pueblos tienen carácter de posguerra.

Alegría de tela.

Contractuazepina cada ocho horas.

Lo bueno de lo falso es que es mentira.

Hacía consumos de guerrilla.

La vida llega después.

Tiene el Récord de artista.

El miedo pone atención.

Hay que ser consecuencia.

Cómo relaja el cinismo.

Saca el embudo.

Todo cuidado será paliativo.

Poeta por crowfunding.

Hay quien se viola.

Encuentro de sectas independientes.

Cojeaba por los demás.

Encontró un silencio de calidad.

Igual da parecido.

El Certificado de Incertidumbre será provisional.

Domingos de misa y manifestación.

Ojalá.

No le pidas peros al claro.

El afecto enmascaró el miedo.

Entender excluye.

La vejez se cura a tiempo.

Que te quieran por escrito.

El perro es el mejor amigo de la molestia.

Confundieron huella y marca.

El semen mata.

¿Y si no me venden?

La venganza cura el Alzheimer.

Se procuró una inercia retroactiva.

Lo que diga el Decreto.

Palabras entornadas para versos en punta.

Bulimia o hambruna.

Prescripción de ansiolíticos en migajas.

Toda ciencia tiene ficción.

La voluntad consuela lo que el límite silencia.

Desobedecía para volver.

Laboratorios San Antonio.

Ascolibrí.

Tú tienes mi culpa.

Compénsame la tos.

Resignación en cómodas letras.

La diferencia acaba.

Confundía placer con diversión.

La sorpresa juega a oscuras.

Crucificarán las ventanas.

A la educación por el cansancio.

Enfermó de cuarentena.

Sin orejas no te quiere nadie.

Facturó su alma como equipaje de mano.

La sombra busca oscuridad.

Córtale un cachito.

Parecía llanto pero eyaculaba.

Que el aficionado sea amateur.

Poco huele.

Exagerar le hacía feliz.

La soledad te encuentra.

Méjico suena a dados en un cubilete.

El tiempo no tiene reloj.

Agente de Wall Strike.

Pureza 15% / Elastano 85%.

El sable hay que currárselo.

Frankenstein nunca lo haría.

Tiros con lengua.

Los ricos también escriben poseía.

Fiel como el deseo.

La violación tranquila del control.

Bajaron la media para elevarla.

Hoy arañas en su tinta.

La emoción acaba en chantaje.

Huía hacia la entrada.

Brigada antiúnico.

Permitían opinar para cambiar de chiste.

La realidad nunca empata.

El mar explica el volumen del tiempo.

Respíramelo.

Tenía una pose para cada melodía.

Hay quien tiene bocas en los dientes.

Aquí, haciendo cruces.

La tranquilidad está dentro.

Quedarse sigue.

Reciclaje de un solo uso.

Cebaron el simulacro y vendieron la sospecha

La cara es el espejo del coche.

Vomitó el turismo y se fue.

Los coches tocan el piano de la ciudad.

Clases de yoga urgente.

Se te ve la conciencia.

Compañía con excesos de eñe.

El aburrimiento da confianza.

Ya no hay fracasos como los de antes.

Lo inconsciente no resta intención.

Imaginaba misterio donde solo había truco.

Repetir resta.

Los peces lloran en el cerebro.

Que se paguen la pobreza.

Al menos la piedra rueda.

La cerradura finge.

Continúa con su mosqueo tántrico.

La indiferencia mima desprecio.

Y llevó su tiempo al fontanero.

Trágico por irresoluble.

Las asambleas terminan en círculo vicioso.

Pues detrás hay telones.

Ni para ayudarle servía.

La vejez se arena.

Le cegaba su linterna como tacón de azafata.

Quién educa a la genética.

Prevaricó 500 millones y no compró un libro.

Creía en la evidencia.

El Gobierno asegura tu libertad oncológica.

Hasta el desprecio mira hacia abajo.

Y se fue.

A mí que me inyecten.

Apretaba el pan como al brazo de su amante.

Aprendía para consolarse.

Derrocha ignorancia meticulosa.

El tiempo se mueve.

Detrás de la generosidad suele haber un excedente.

La maravilla de la desgana vanidosa.

Se sabía la tristeza de memoria.

La cisterna explica los Servicios Culturales.

Sí, y al final te mueres.

Riesgo por goteo.

En la amenaza hay intuición.

Eufemismo femenino singular.

Tu silencio pregunta demasiado.

En atril, curas mil.

Andaba de espaldas para caminar recto.

Qué más puedo callar.

Se fue como el lazo de un cordón pequeño.

Dale precinto.

No hay manera para la forma.

Mide in China.

Toda compra prevarica.

La Semana Santa se ríe de los Carnavales.

El dolor pregunta y el placer responde.

Cambia pronto y prepárate.

Tu yo no tiene propio.

La resignación se llena por vacío.

Llámalo crisis.

El funcionario piensa en mediana empresa.

Qué aburrimiento tan entretenido.

Procura que tu profesor no vea cine francés.

La puerta nació de un árbol atropellado.

Aquel labio le supo a futuro.

El pájaro ríe cuando canta.

Pezones colaterales.

La realidad sospecha de la verdad.

Somos la comodidad que explotamos.

Hay paciencias muy ambiciosas.

El delfín juega a ser gaviota.

La ternura toca con tristeza.

Policía, psicólogo y cura, igual a profesor.

Qué media hora tienes.

La trascendencia no coge los chistes.

Sopórtame el amor.

Cuánta pasividad egoactiva.

La belleza incomoda.

El tiempo bebe emoción, pero mea horario.

Competían igualdad.

A la cantidad por la calidad modorra.

Trasladaron los juzgados al mercadillo.

Explicación con retroceso.

Muerto asintomático.

Hay compañías en retiro.

Procuró vivir un tiempo en levadura.

Incumplió su mirada.

Somos los insultos que no decimos.

Y me consentí.

Curaron la depresión con preocupaciones.

Sedúceme la escucha.

Lo que no llega te alcanza.

Guardaba secretos generosos.

El siglo XX son dos cruces.

Si no duele, empeora.

Placebos religiosos mejoraron la ciencia.

Versos como toldos.

Cáncer de kilómetro cero.

Duchamp ajustó la realidad.

Incapaz de asumir incapacidades ajenas.

Tú desinterés me interesa.

A veces sí.

El ruido vomita edad.

Tengo desgracias de confianza.

Sonreía para vestir el deseo.

El humo berrea.

Insólito por cotidiano.

Aquello soy yo.

Discúlpales porque hacen lo que saben.

Sufrir no tranquiliza.

Cada cuello con su llave.

Fabricó importancia para satisfacerse.

Que se note.

Comía para llevárselo.

La exigencia distancia.

Se valorará experiencia en por si acaso.

Si se rompe bien, suena.

Antigüedades de temporada.

Devuélveme la crisálida.

El otoño con su belleza de rimmel corrido.

Tanta soledad hace secreto.

Aburrimiento de manzana.

Que no se me olvide el no sé qué.

Cambio inteligencia fortuita por burocracia autodi-
dacta.

Tu abogado mejora la cirugía.

El dinero adelantó a la luz.

Te cambio el mañana.

Repetía para aplaudirse.

Hablaba por no escuchar.

Prefería el daño a la herida.

Dicen que consuma ecología.

Sacrificios en corbata.

Y le descontaron la respuesta.

Secuestrado en ternura.

Hay una salud perjudicial.

Dile a Goya que se le enfría la sopa.

Que desentierren las cunetas del mercado.

La repetición desgasta alivio.

No repares en pudieras.

La realidad no será posible.

Seguimos las huellas que dejamos.

Despreciaba por no insultar.

Saber obliga.

Impostura real para turistas exigentes.

Si pierdes el tiempo te pagan.

La vida exagera.

A veces temo a mis a veces.

Le curaron el remedio.

Quiero cansarme contigo.

Qué margen tan íntegro.

El universo sale solo.

Aprendía repasando.

El lenguaje era la censura.

Su lado bueno era la espalda.

El corte hace agujeros.

Amiga con moderación.

Iba a la biblioteca de oyente.

Quien sigue se ignora.

El ocaso ofrece la piel del cosmos.

Escalada de violencia con piolet.

La nómina era el paraíso fiscal.

Para pleonasmo la Inteligencia Artificial.

La calma amplía.

Nadie se respeta la soledad.

Aforismos con música del Titánic.

Pintas mal, pero te mueres mejor.

Verso de origen sostenible.

Trapicheaba realidad.

La impostura habla como un grifo roto.

La Voz era Operación Triunfo.

Es público, todo lo privado.

Fracasa como puedas.

Disfrutar desprecia categorías.

La verdad suena distinta.

Te pareces mucho a ti.

Lágrimas de barracón.

Contrabando de legítima protesta.

Por fin publicó en la editorial Onanismos.

Instituto de Obediencia Secundaria.

Feliz día del kilo.

Esa emoción no está amortizada.

Lo inefable se puede escribir mejor.

En el casi nada está casi todo.

La tristeza tiene razón.

Que alguien anime a La Justicia.

Cada cariño con su chantaje.

En el desprecio ganó confianza.

La paciencia tortura con tranquilidad.

Vive y deja morir.

Qué desgracia tan entretenida.

También la sencillez tiene artificio.

La precaución silencia tutela.

Hay risas que hozan.

Para esto, mucho se vota.

Estamos en hora punta de lanzallamas.

La Inteligencia Artificial se ha puesto tetas.

Regalaba como demanda.

Sin ostentación no hay valores.

Fama parcial para talento *low cost*.

Te alquilo mi piedra.

Vinieron a censar mi soledad.

Dónde has comprado esa nada.

Es que ya ni señalas.

Yo friego mejor que Cervantes.

Perdona, ¿aquí a dónde se huye?

Excentricidad no hace talento.

El *eurismo* impuso su heurística.

Voy siendo mi animal de compañía.

El esperpento culmina en beso.

Solo entre lo escaso.

Algún día todo esto será antes.

Jornada de puertas abiertas a una puerta cerrada.

Te fríen y dirán que estás quemado.

Agradece su abrazo de cartón.

La indiferencia mejora el dicterio.

Sintió el consuelo de un paraíso decepcionante.

La hache aprende.

Que la pus no pierda su misterio.

Sin albañiles comienza el fanatismo.

Escribía para que no le vieran.

Quizá, como único tal vez.

Repsol patrocina El Tiempo.

Tienes derecho a tus obligaciones.

La depresión de este año va a estar bien.

Nadie me interrumpe como tú.

Que pague su cuota de exigencia.

Menos mal que hay errores.

Nada mejora el funcionamiento del agujero.

Ya solicité la espera.

Después de la doctrina obtuvo el profesorado.

Me estoy quedando Solondz.

Prefería «historiador» a «cotilla».

Quien arrasa primero mata mejor.

Pagó con minoría el precio de la excelencia.

Los días pesan más que los años.

El silencio nació de un gilipollas.

Ninguna o maneja la y como la a.

La locura necesita público.

Cada trompeta con su torero.

Sin mérito no hay igualdad.

Marchita la esperanza germinó la perspectiva.

Donde fueres haz que no vieres.

Conoció la empatía por el camino del miedo.

La ignorancia no hizo prudencia.

Cuídalo como si fuera mío.

Mis ojos juegan al tenis.

Prefirió llamar renuncia a la resignación.

Hay un candor obsceno.

Del cansancio de la solidaridad nació el instinto.

Perseguía la perfección del desastre.

Cuanto más conozco a tu amo más quiero a mi cactus.

Lo peor del siempre era el otra vez.

Trofearon el premio.

El placer discrimina.

Llamaron comercio al chantaje.

Compartir estriñe.

La solución no tiene remedio.

Si escribes bien te leen mal.

Pasó de ser a estar.

Cada vez odio mejor.

También la flor delata.

Perdió la urgencia por cansancio.

Hay arrogancia en la cobardía.

Eso no me lo dices un jueves.

Concretó lo inefable por expansión.

Bloqueos de prestigio para *influencers* de culto.

Kusturica aquí lo flipa.

Lo que engorda es la o.

A ese disimulo lo llaman vacaciones.

De lo que no le falta va sobrao.

Escribía para resolverse.

Superó la cicatriz con más herida.

Hecha la ley, echa la trampa.

Soy feliz y se acabó.

Se convirtió en abnegado de sí mismo.

Quien no curra vuela.

El afecto requiere tiempo y pretende eternidad.

Gestaban la revolución del informe.

Patentes con licencia para matar.

Torrelodones rima con cebolla.

Para Eduardo Moga